100 Reasons Why Donald Trump Is A Great President Who Deserves Your Admiration and Support

Updated to the date of Donald Trump's inauguration

by Carl Makeshi

These pages are blank, but feel free to *snicker* come up with your own reason! Or use these pages for drawing, origami...toilet paper...the possibilities are endless!

Dedicated to all the special people in my life. Who know! Maybe I'll find a solid reasons to fill this book up a few years.

Reason 1

Reason 2

Reason 3

Reason 4

Reason 5

Reason 6

Reason 7

Reason 8

Reason 9

Reason 10

Reason 11

Reason 12

Reason 13

Reason 14

Reason 15

Reason 16

Reason 17

Reason 18

Reason 19

Reason 20

Reason 21

Reason 22

Reason 23

Reason 24

Reason 25

Reason 26

Reason 27

Reason 28

Reason 29

Reason 30

Reason 31

Reason 32

Reason 33

Reason 34

Reason 35

Reason 36

Reason 37

Reason 38

Reason 39

Reason 40

Reason 41

Reason 42

Reason 43

Reason 44

Reason 45

Reason 46

Reason 47

Reason 48

Reason 49

Reason 50

Reason 51

Reason 52

Reason 53

Reason 54

Reason 55

Reason 56

Reason 57

Reason 58

Reason 59

Reason 60

Reason 61

Reason 62

Reason 63

Reason 64

Reason 65

Reason 66

Reason 67

Reason 68

Reason 69

Reason 70

Reason 71

Reason 72

Reason 73

Reason 74

Reason 75

Reason 76

Reason 77

Reason 78

Reason 79

Reason 80

Reason 81

Reason 82

Reason 83

Reason 84

Reason 85

Reason 86

Reason 87

Reason 88

Reason 89

Reason 90

Reason 91

Reason 92

Reason 93

Reason 94

Reason 95

Reason 96

Reason 97

Reason 98

Reason 99

Reason 100

Thank you for Buying my Book!

Made in the USA
Columbia, SC
31 January 2021